BEI GRIN MACHT SICH IHR
WISSEN BEZAHLT

- Wir veröffentlichen Ihre Hausarbeit,
  Bachelor- und Masterarbeit

- Ihr eigenes eBook und Buch -
  weltweit in allen wichtigen Shops

- Verdienen Sie an jedem Verkauf

**Jetzt bei www.GRIN.com hochladen
und kostenlos publizieren**

Die Pressepolitik in der Nachkriegszeit. Die Wiederherstellung der pluralistischen bayerischen Presselandschaft nach Jahren der Gleichschaltung ab 1945

Bibliografische Information der Deutschen Nationalbibliothek:

Die Deutsche Nationalbibliothek verzeichnet diese Publikation in der Deutschen Nationalbibliografie; detaillierte bibliografische Daten sind im Internet über http://dnb.d-nb.de abrufbar.

ISBN: 9783346841360
Dieses Buch ist auch als E-Book erhältlich.

Druck und Bindung: Books on Demand GmbH, Norderstedt Germany
Gedruckt auf säurefreiem Papier aus verantwortungsvollen Quellen

Das vorliegende Werk wurde sorgfältig erarbeitet. Dennoch übernehmen Autoren und Verlag für die Richtigkeit von Angaben, Hinweisen, Links und Ratschlägen sowie eventuelle Druckfehler keine Haftung.

Das Buch bei GRIN: https://www.grin.com/document/1336370

Inhaltsverzeichnis

Anm. der Red.: Das Abbildungsverzeichnis und der Anhang wurden aus urheberrechtlichen Gründen entfernt.

1 Einleitung

Seit Jahrhunderten schon informierten sich Menschen mithilfe von Zeitungen über das aktuelle Geschehen. Sie zählen bereits neben dem Buchdruck zu den Ursprüngen des modernen „Social Medias", da sie die schnelle Verbreitung von Neuigkeiten über längere oder kürzere Entfernungen grundlegend revolutionierte. Auch heute noch lesen viele trotz des Zeitalters der digitalen Medien gerne ihre Lieblingszeitung über das, was sie bewegt. Doch so alt wie die Presse selbst, so alt ist ebenfalls die Verlockung, Zeitungen für falsche Zwecke zugunsten von autoritären Staatssystemen zu missbrauchen. Denn diese haben oftmals die Macht, einen großen Einfluss auf die Berichterstattung ausüben zu können. Presseartikel bieten reichlich Nährboden für die mutwillige Manipulation der öffentlichen Meinung zur Verfälschung der Wahrheit. Deshalb kommt es auch heutzutage in vielen Ländern der Welt, beispielsweise in China, Russland, Iran oder Teilen Afrikas immer noch zur Knebelung der Presse- und Meinungsfreiheit. Auch in der Türkei müssen viele Journalisten seit der Wiederwahl von Präsident Erdogan um ihr Leben bangen oder werden sogar inhaftiert, wenn diese in ihren Berichten eine kritische Meinung gegen ihn oder seine Partei veröffentlichen.

Meinungs- und Pressefreiheit ist heute für uns Deutsche mittlerweile selbstverständlich. Der Leser erwartet von den Journalisten automatisch Objektivität, Aktualität und Unabhängigkeit und vertraut deshalb auf die sorgfältige Recherche der Nachrichten. Auch die große Vielzahl der unterschiedlichen Zeitungsmedien erlaubt einen unendlichen großen Zugriff auf aktuelle Nachrichten aus aller Welt. Doch das war in Deutschland nicht immer der Fall. Auch die deutsche Pressegeschichte muss auf eine Zeit während des Zweiten Weltkriegs und danach zurückblicken, in der es überhaupt nicht üblich war, dass es Zeitungen in so großer Vielfalt gab. Denn die meisten Presseverläge wurden von der nationalsozialistischen Herrschaft mutwillig unterdrückt, ausgebeutet und zerstört, was über einen längeren Zeitraum hinweg schleichend zu einer extrem starken Pressekonzentration im Dritten Reich führte. Diese Arbeit behandelt in den nachfolgenden Kapiteln die Wiederherstellung der pluralistischen bayerischen Presselandschaft nach Jahren der Gleichschaltung ab 1945. Dies wird anhand einer ausgewählten bayerischen Zeitung, der „Süddeutschen Zeitung", näher erklärt und dabei Bezug zur allgemeinen Pressepolitik der amerikanischen Besatzungsmacht in der Nachkriegszeit hergestellt.

2 Die Wiederherstellung der pluralistischen bayerischen Presselandschaft nach Jahren der Gleichschaltung ab 1945

2.1 Presse im Nationalsozialismus

Der Nationalsozialismus stellte „*zweifellos den tiefsten Einschnitt*"[1] in der deutschen Pressegeschichte dar. Angefangen von Adolf Hitlers Aufstieg im Jahr 1933 bis kurz vor Kriegskapitulation Deutschlands reduzierten sich die herkömmlichen Presseartikel 1945 von 4.700 Zeitungsausgaben auf 900 Ausgaben. [2] Ausschlaggebender Grund für die Reduktion der Printmedien war das schrittweise und systematische Beseitigen von freier Presse und kritischem Gedankengut. Dadurch gelang es der regierenden Nationalsozialistischen Deutschen Arbeiterpartei (NSDAP) unter anderem, einen diktatorischen und totalitären Staat in Deutschland aufzubauen und alles, was nicht deren politischen Vorstellungen und Ideologie entsprach, schrittweise abzuschaffen. [3]

2.1.1 Medienpolitische Ziele der Nationalsozialisten

Die ersten Denkansätze einer antidemokratischen, nationalistischen, antisemitischen und völkischen Gesellschaft entstanden bereits kurz nach dem Ende des Ersten Weltkriegs. Damit sich diese Gesellschafts- und politischen Ideale möglichst schnell und flächendeckend bei den deutschen Bürgern ausbreiten konnten, sahen die Nationalsozialisten schon damals großes Potenzial in den Medien. Vor allem eignete sich damals die Presse hervorragend als Hilfsmittel zur Propaganda und Beeinflussung der gesellschaftlichen Meinung, da viele Bürger oft täglich die Zeitungen als Informationsquelle nutzten.[4] „*Die Presse ist ein Erziehungsinstrument, um ein Siebzig-Millionen-Volk in eine einheitliche Weltanschauung zu bringen*", [5] gab Adolf Hitler, der Führer der Nationalsozialisten, 1934 bekannt.[6] Um die Tageszeitungen bestmöglich zum Vorteil der Nationalsozialisten zu gebrauchen, setzte die NSDAP unter anderem zum einen auf eine gesamte Lenkung der Presse und zum anderen auf deren Gleichschaltung.[7] Damit die Nationalsozialisten diese Ziele verfolgen konnten, wurden einige Maßnamen ergriffen. Zum einen verabschiedete das NS-Regime 1933 einige Verordnungen, welche die Grundrechte wie die Meinungsfreiheit und Pressefreiheit außer Kraft setzten.[8] Zum anderen errichtete die Regierung im September 1933 die Reichskulturkammer (RKK) unter der Leitung von Joseph Goebbels. Offiziell sollte die Organisation "*die deutsche Kultur in Verantwortung für Volk und Reich zu fördern [und] die wirtschaftlichen und sozialen Angelegenheiten*

---

[1] Pürer, Heinz; Raabe, Johannes: Presse in Deutschland, Konstanz, 2007; S. 81.
[2] Vgl. Ebd. S. 81.
[3] Vgl. Ebd. S. 81.
[4] Vgl. A.a.O. S. 82.
[5] Kourik, Christian: Zwischen den Zeilen? Zeitungspresse als NS-Machtinstrument, Internetpublikation unter: https://www.kulturpur.de/museum/dokumentationszentrum-reichsparteitagsgelaende/zeitungspresse-als-machtinstrument [Zugriff: 09.07.2018].
[6] Vgl. Ebd.
[7] Vgl. Pürer, Heinz; Raabe; Johannes: Presse in Deutschland, S. 82.
[8] Vgl. Pürer, Heinz; Raabe; Johannes: Presse in Deutschland, S. 85.

der Kulturberufe [...] regeln".[9] De Facto lag die zentrale Aufgabe der RKK darin, alle Bereiche des kulturellen Lebens zu überwachen, darunter auch die Presse. Somit fand hier bereits unauffällig Pressekonzentration statt, ohne dass die Zeitungen explizit verboten wurden. [10] Des Weiteren wurde am 4. Oktober 1933 das Schriftleitergesetz verabschiedet, welches die berufliche Zulassung von Journalisten regelte.[11] Im Reichsgesetzblatt wurde dies folgendermaßen festgehalten:

„Schriftleiter kann nur sein, wer die deutsche Reichsangehörigkeit besitzt, die bürgerlichen Ehrenrechte und die Fähigkeit zur Bekleidung öffentlicher Ämter nicht verloren hat, arischer Abstammung ist und nicht mit einer Person von nichtarischer Abstammung verheiratet ist, das 21. Lebensjahr vollendet hat, geschäftsfähig ist, fachmännisch ausgebildet ist, die Eigenschaften hat, die die Aufgabe der geistigen Einwirkung auf die Öffentlichkeit erfordert."[12]

Schriftleiter (Redakteure) durften also zusammenfassend demnach nur Zeitungsartikel veröffentlichen, wenn diese die nötigen persönlichen und politischen Eignungen erfüllten. Außerdem war es ihre Pflicht, unerwünschte Inhalte von Zeitungsartikeln zu vermeiden. Dieses Gesetz sollte das bedeutsamste Hilfsmittel der Nationalsozialisten zur Gleichschaltung der Presse werden.[13] Direkt nachdem das Schriftleitergesetz rechtskräftig wurde, kam es zu 1.300 Berufsverboten von Journalisten und etwa 2.000 wurden ins Ausland vertrieben. Bei zahlreichen Zeitungsredakteuren kam es sogar zur Verhaftungen oder jene wurden in Konzentrationslager gebracht.[14]

2.1.2 Phasen der Gleichschaltung

Direkt nach der Machtergreifung Hitlers begann deutschlandweit die systematische Aus- und Gleichschaltung von Tageszeitungen. Der erste große Schritt war die Unterdrückung und Enteignung der sozialdemokratischen und kommunistischen Presseartikel im Frühjahr 1933. Ab Mitte 1933 wurden die restlichen verbleibenden Parteizeitungen verboten. Das Verbot ging soweit, dass bereits im Dezember 1933 das Hervorbringen neu erscheinender Zeitungen grundsätzlich untersagt wurde. [15]

Die nächste Enteignungsphase der deutschen Presselandlandschaft knüpfte direkt an die Strukturkrise im Jahr 1934 an. Ein wichtiger Grund dafür war die von der NSDAP übermäßigen Finanzierungen der NS-Presse, die sich durch die Hilfeleistungen so gut entwickeln und ausbreiten konnte, dass die übrigen Zeitungen zunehmend verdrängt wurden und sich immer weniger am deutschen Pressemarkt durchsetzen konnten. Ein anderer Aspekt betrifft die stark reduzierte Gesamtauflagenhöhe der Zeitungsartikel. Aufgrund der inhaltlichen Lenkung der Presse durch die Nationalsozialisten konnten Zeitungen größtenteils nur belanglose Schlagzeilen veröffentlichen, wodurch das Interesse der Leser zunehmend nachließ. So

---

[9] Hoor, Christina: Die Reichskulturkammer, Deutsches Historisches Museum, Berlin 2015 Internetpublikation unter:
https://www.dhm.de/lemo/kapitel/ns-regime/kunst-und-kultur/reichskulturkammer.html [Zugriff: 09.07.2018].
[10] Vgl. Pürer, Heinz; Raabe, Johannes: Presse in Deutschland; S. 83.
[11] Vgl. Altendorfer, Otto; Hilmer, Ludwig: Medienmanagement. Medienpraxis - Mediengeschichte - Medienordnung, Wiesbaden, 2015; S.162.
[12] Reichsgesetzblatt Teil 1: Schriftleitergesetz. Zulassung zum Schriftleiterberuf § 5, Berlin, 1933, S. 713.
[13] Vgl. Pürer, Heinz; Raabe, Johannes: Presse in Deutschland, S. 85.
[14] Vgl. Ebd. S. 86.
[15] Vgl. Pürer, Heinz; Raabe, Johannes: Presse in Deutschland, S. 91. f.

kam es 1934 zum schlagartigen Auflagensturz von einer Million Presseartikeln. In einer Stellungnahme des NS- Regimes hieß es laut Pürer: *„[Ziel war es], durch Schließung oder Zusammenlegung die Zahl der Zeitungen herabzusetzen und damit wieder gesunde wirtschaftliche Verhältnisse im Zeitungsgewerbe herzustellen."*[16] Die wahre Absicht der NSDAP war aber die pluralistische Zeitungslandschaft so einzuschränken und zu minimieren, dass es leichter fiel, die wenigen Zeitungen, die noch existierten, besser überwachen zu können. [17] Als weiteres Mittel zur Zäsur der Presse setze man nicht nur 1939 auf die *„kriegswirtschaftlich begründete Maßnahme des Papierentzugs"*[18], die das Zeitungssterben zusätzlich in Deutschland förderte.[19] Zu diesem Zeitpunkt wurden bereits 41 Prozent der Zeitungen von sechs NS-Zentralen in Bayern gesteuert.[20] Auch als die Berliner Pressekonferenz am 20. Juni 1933 von den Nationalsozialisten aufgelöst wurde, erlaubte man in den darauf folgenden Reichspressekonferenzen immer weniger Journalisten die Teilnahme zur Berichterstattung. Die Pressemänner mussten nun erstmalig eine Erlaubnis zur Teilnahme beantragen.[21]

Bei der dritten Gleichschaltungswelle von 1941 bis 1944 wurden Pressehäuser im großen Ausmaß von der Reichspressekammer stillgelegt. Man rechtfertigte diese Maßnahmen mit dem finanziellen Mangel aufgrund der Kriegsausgaben.[22] Ein Jahr vor Ende des Zweiten Weltkriegs 1944 wurden 36 Prozent der Zeitungen im Nationalstaat überwacht, welche 82,5 Prozent des täglichen Absatzes in Deutschland ausmachten.[23] Die Menge der Tageszeitungen, die in der Woche gewöhnlich dreimal mit jeweils vier Seiten erschienen war, verringerte sich ab Januar 1945 auf nur 2 Seiten.[24] Oron J. Hale, ein amerikanische Historiker, schilderte den damaligen Zustand mit folgenden Worten:*" 'Sie ähnelten Flugblättern mehr als Zeitungen und brachten kaum etwas anderes als den Heeresbericht, Bekanntmachungen und Anordnungen, unrealistische Betrachtungen zur militärischen und politischen Lage und propagandistische Aufrufe.'."*[25]

2.1.3 Die Nationalsozialistische Parteipresse

Eine besonders bedeutsame Position nahm, wie oben bereits angedeutet, die nationalsozialistische Parteipresse im Dritten Reich ein. [26] Während im Jahr 1932 von 4703 Zeitungen in Deutschland nur 94 der NSDAP angehörten, dominierten 1944 schon 352 NS-Zeitungen von insgesamt 977 den Zeitungsmarkt.[27] Bekannte Vertreter der Propagandazeitungen waren zum einen der „Völkische Beobachter", der „Angriff", der „Stürmer" oder der „Illustrierte Beobachter" , welche gezielt durch ihre typischen hetzerischen

---

[16] Pürer, Heinz; Johannes Raabe: Presse in Deutschland, S. 92.
[17] Vgl. Pürer, Heinz; Raabe, Johannes: Presse in Deutschland, S. 92.
[18] Ebd. S. 92.
[19] Vgl. Ebd. S. 92.
[20] Vgl. Wagner Hans; Koch Ursula; Schmidt- Fischerbach Patricia: Enzyklopädie der bayerischen Tagespresse, München 1990, S. 28.
[21] Vgl. Otto Altendorfer; Ludwig Hilmer: Medienmanagement, S. 162.
[22] Pürer, Heinz; Johannes Raabe: Presse in Deutschland, S. 92.
[23] Vgl. Otto Altendorfer; Ludwig Hilmer: Medienmanagement, S. 164
[24] Vgl. Pürer, Heinz; Johannes Raabe: Presse in Deutschland, S. 93.
[25] Pürer, Heinz; Raabe, Johannes: Presse in Deutschland, S. 93.
[26] Vgl. Ebd. S. 93.
[27] Vgl. Pürer, Heinz; Raabe, Johannes: Presse in Deutschland, S. 98.

6

Propagandaschriften unter anderem als (psychisches) Kriegsmittel eingesetzt wurden.[28] Wichtig zu erwähnen ist allerdings, dass, obwohl die NSDAP immer nach dem Ideal einer totalitären Pressepolitik strebte, dies langfristig nicht in der Partei oder der Bevölkerung nicht komplett verwirklicht werden konnte. Das lag zum einen an den Streitigkeiten hinsichtlich der Organisation und des Personals bei der Ausführung der Lenkungs- und Kontrollmaßnahmen und zum anderen daran, dass die Nationalsozialisten den Anschein einer vielfältigen uneingeschränkten Presse nach außen zu wahren versuchten, weswegen kein einheitlicher Maßstab zur Zensur für jede einzelne Zeitung eingeführt werden konnte. Ein weiterer nennenswerter Aspekt betrifft die unterschiedlichen Propagandastrategien (direkte und indirekte Beeinflussung) innerhalb des NSDAP-Regimes. Nicht zuletzt der Verlust der Glaubwürdigkeit, der Monotonie der Schlagzeilen und die deutschen Kriegsniederlagen führten zu mangelnden Verkäufen der Tagespresse.[29]

2.2 Wiederaufbau des bayerischen Pressewesens

„Das deutsche Volk steht [...] nicht nur vor den Trümmern seiner Städte, seiner Industrie und Wirtschaft[...]. Eine zwölfjährige Machtentfaltung mittels bewusster Lüge [...] und [...] brutaler Knebelung der Meinungsfreiheit hat Verwüstungen im Geistesleben zufolge gehabt, die an Größe und Umfang den Trümmern unserer Städte nicht nachstehen [...]. Der Aufbau auf diesem geistigen Gebiete ist vielleicht noch schwerer als die materielle Beseitigung von Schutt und Eisen. "[30]

Nachdem das nationalsozialistische Deutschland zusammen gebrochen war und den zweiten Weltkrieg gegen die alliierten Kriegsgegner USA, Frankreich, Großbritannien und die Sowjetunion am 7. Mai 1945 verlor, setzte man auch der Zeitungslandschaft in Deutschland einen Schlussstrich. Ab den Beginn, in dem Deutschland kapitulierte und in vier Besatzungszonen aufgeteilt wurde, führten die Siegermächte einen Zeitungs- „Black out" ein, welcher auf der Basis des bereits am 24. November 1944 eingeführten „Militärgesetz Nr. 191" beruht. Es verwehrte das *„Drucken, Veröffentlichen, Vertreiben, Verkaufen und gewerbliche Verleiten"[31]* von Presseartikeln auf deutschem Boden, sollte aber als Grundlage für einen Neubeginn der Presse dienen. Gebunden an die grundsätzliche Verbietung der Medienlandschaft versuchten die Westmächte das von den Nationalsozialisten aufgebaute System abzuschaffen und neu zu gestalten.[32]

---

[28] Vgl. Pürer, Heinz; Raabe, Johannes: Presse in Deutschland, S. 93.
[29] Vgl. Pürer, Heinz; Raabe, Johannes: Presse in Deutschland, S. 102.
[30] o.V.: Leitartikel aus dem Jahr 1945: „Abkehr- Einkehr", in: Süddeutscher Zeitung, 6.10.2005, S. 30.
[31] Pürer, Heinz; Raabe, Johannes: Presse in Deutschland, S. 103.
[32] Vgl. Ebd. S. 103.

2.2.1 Pressepolitische Vorstellung der US- Regierung

Bereits viele Wochen bevor Deutschland am 7./8. Mai 1945 kapitulierte, hatten sich die Siegermächte, darunter auch die Amerikaner, um eine umfassende Pressereform gekümmert.[33] Zum einen sollte Deutschland demilitarisiert, denazifiziert und demokratisiert werden. Dazu verbot man nicht nur die NSDAP, sondern auch die Ausübung des Reichsministeriums für Volksaufklärung und Propaganda mitsamt den Gesetzen der Nationalsozialisten, welche außer Kraft gesetzt wurden.[34] Die Wiederherstellung der pluralistischen Presselandschaft war von den westlichen Siegermächten in drei Schritten geplant. Der erste Schritt war das absolute Verbieten und das Erscheinen von Druckmedien, das heißt Zeitungs-, Presse- oder Bücherartikel mitsamt der Demontage von Zeitungshäusern. Nächster Schritt war das Herausgeben von Armeezeitungen, um der deutschen Bevölkerung die Möglichkeit zu bieten, diese mit Informationen versorgen zu können. Verantwortlich waren hierbei die einzelnen Besatzungszonen. Der letzte Schritt war, Zeitungsredakteuren, die nicht unter nationalsozialistischem Einfluss standen, Lizenzen zu vergeben. Nur mit diesen von der Regierung ausgestellten Lizenzen war es den Presseverlegern gestattet, Zeitungen zu verfassen und zu veröffentlichen.[35]

Die Amerikaner definierten schon damals ihre Absichten beim Wiederaufbau des Pressewesens. In einem Bericht des amerikanischen Militärs "The German Press in the Occupied area. 1945-1948. Special Report of the Military Governor" hielten diese fest: *„only Germans could effectively reeducate and reorient the Germans."*[36] Die amerikanische Siegermacht erkannte, dass nur eine neue deutsche Presselandschaft aufgebaut werden konnte und langfristig bestehen blieb, wenn diese auch von deutschen Bürgern für deutsche Staatsangehörige persönlich mitgestaltet wird.[37] Um diesen Zustand zu erreichen, sollten keine der bisherigen Presseartikel nach 1945 weiter bestehen und alle Journalisten und Redakteure, welche von 1933 bis 1945 unter nationalsozialistischem Einfluss Zeitungsartikel verfassten, Berufsverbot bekommen[38]. Aus den verfassten Zielen des Berichts ging unter anderem hervor, dass die Amerikaner zum einen deutsche Verleger mit demokratischer Gesinnung unterstützen wollten, um eine *„objektive, freie, demokratische"*[39] Presselandschaft aufzubauen. Zum anderen war es der Militärregierung sehr wichtig, ein unabhängiges deutsches Zeitungswesen zu unterstützen, welches ohne bestimmte äußere Einflüsse von einer Partei, einer Regierung, der Wirtschaft oder Ähnlichem voreingenommen ist.[40] Da aber zu dieser Zeit die deutschen Zeitungsverleger und deren Veröffentlichungen streng von den Amerikanern kontrolliert wurden, war der Siegermacht natürlich bewusst, dass die aktuellen Zeitungen nicht vollständig unabhängig waren. Doch nur so ließ sich gewährleisten, dass Presseverleger demokratische Informationen an

[33] Vgl. Jobst Andreas: Pressegeschichte Regensburgs von der Revolution 1848, Regensburg 2002, S. 225.
[34] Vgl. Pürer, Heinz; Raabe, Johannes: Presse in Deutschland, S. 103.
[35] Vgl. A.a.O. S. 104.
[36] Office of Military Government for Germany (US) (Hrsg.): The German Press in the US occupied Area 1945-1948, Special Report of the Military Governor. US- Zone, 1948. S. 3. "Nur Deutsche können effektiv die deutschen umerziehen und neu orientieren."
[37] Vgl. Ebd. S. 3.
[38] Vgl. Pürer, Heinz; Raabe, Johannes: Presse in Deutschland; S.103. f.
[39] Office of Military Government for Germany (US) (Hrsg.): The German Press in the US occupied Area1945-1948, S. 2.
[40] Vgl. Ebd. S. 2.

die Öffentlichkeit trugen. Dennoch wollten die Amerikaner nach und nach die vollständige Unabhängigkeit der deutschen Zeitungslandschaft einführen, da die Lizenzzeitungen nur für einen gewissen Zeitraum unter der Kontrolle der Alliierten standen.[41]

Die amerikanische Besatzung wollte ihr Zeitungswesen an der damaligen liberal-bürgerlichen Presse aus der Zeit der Weimarer Republik ausrichten. Als Vorbild dienten die „Frankfurter Zeitung", sowie die „Vossische Zeitung", das „Berliner Tageblatt" und die „Münchner Neuesten Nachrichten", da diese sowohl unabhängig von der Politik ihre Artikel verfassten als auch sehr gute Qualität der Informationsverarbeitung aus verschieden Bereichen bieten konnte.[42] Außerdem wollten die Amerikaner einige Methoden aus ihrem eigenen Pressesystem in das Deutsche integrieren. Dazu zählt beispielsweise innerhalb der Zeitungsartikel die klare Differenzierung des Informationsteils von den Kommentaren, wie es in den Vereinigten Staaten schon lange Praxis ist. Außerdem sollten die Nachrichten über einen genauen Quellennachweis verfügen, was bisher in der deutschen Presselandschaft absolut ungebräuchlich war.[43] Einige ehemalige Zeitungsmodelle für die Presse kamen für die Amerikaner nach 1945 nicht mehr in Frage. So zum Beispiel der „Generalanzeiger" sowie viele Lokalzeitungen. Die erstgenannte Zeitung, welche Ende des 19. Jahrhunderts erstmalig erschienen war, wurde aufgrund ihrer unseriösen Informationsverarbeitung für spätere Zeitungen ausgeschlossen. Zudem waren die veröffentlichten Artikel häufig gesellschaftlich rechtsorientiert, was die Amerikaner ebenfalls vermeiden wollten.[44]

2.2.2 Militärzeitungen

Militärzeitungen, auch Heeresgruppenzeitungen genannt, waren Nachfolger der deutschsprachigen Flug- und Nachrichtenblätter, welche von den Amerikanern bereits vor Kriegsende in deutschen Regionen abgeworfen oder verteilt wurden. Herausgeber war die Abteilung für psychologische Kriegsführung („Psychologial Warfare Division", kurz PWD), welche ein- bis zweimal in der Woche die Armeezeitungen veröffentlichte. Dadurch wurde den deutschen Bürgern seit langem wieder die Möglichkeit geboten, stets über die neuesten Nachrichten aus der Welt informiert werden zu können.[45] Herausgegeben wurde im Freistaat zum einen der „Bayerische Tag", aber auch die „Münchner Zeitung", die „Regensburger Post" oder der „Augsburger Anzeiger". Erschienen sind diese Informationsblätter alle 1945 mit einer Auflagenhöhe von mehreren 100.000 bis einer Million, die allerdings nur kurzfristig bestanden und gegen Ende des Jahres wieder eingestellt wurden.[46] Erstaunlicherweise wirkten bereits seit Einführung der Zeitungen im Redaktionsteam des Kriegsgegners schon deutsche unvorbelastete Schriftleiter mit. Aufgrund der eingeschränkten Umstände der Nachrichtenvermittlung fiel die Informationsvielfalt zur damaligen Zeit eher gering aus, wodurch in jeder Zeitung oftmals dieselben Berichte zu lesen waren.[47] Diese Armeegruppenzeitungen waren allerdings nur vorübergehend als Mittel zur Informationsbeschaffung gedacht, da die

---

[41] Vgl. Harbou, Knud: Als Deutschland seine Seele retten wollte, München 2015, S. 16.
[42] Vgl. Harbou, Knud: Als Deutschland seine Seele retten wollte, S. 16.
[43] Vgl. A.a.O. S. 17.
[44] Vgl. Harbou, Knud: Als Deutschland seine Seele retten wollte, S. 16.
[45] Vgl. Pürer, Heinz; Raabe, Johannes: Presse in Deutschland, S. 105.
[46] Vgl. Felbick, Dieter: Schlagwörter der Nachkriegszeit 1945-1949, Berlin 2003, S. 87.
[47] Vgl. Pürer, Heinz; Raabe, Johannes: Presse in Deutschland, S. 105.

Amerikaner die Lizenzvergabe an neu entstandene Presseverleger unter deutscher Führung schnellstmöglich vorantreiben wollten.[48]

2.3 Lizenzpolitik anhand der Süddeutschen Zeitung

Die Geburtsstunde der bayerischen Nachkriegszeitungen begann bei allen drei Westmächten mit der Einführung der so genannten Nachrichtenkontrollvorschrift Nr.1 vom 12. Mai 1945.[49] Mit der Veröffentlichung der ersten lizenzierten Zeitung am 31.7.1945, der „Frankfurter Rundschau", wurde die Lizenzierungsphase in der amerikanischen Zone eröffnet.[50] Im Freistaat lizenzierte die Militärregung am 6. Oktober 1945 die „Süddeutsche Zeitung" als erste bayerische Presse (siehe Grafik 1 und Abbildungsverzeichnis).[51]

Anm. der Red.: Diese Abb. wurde aus urheberrechtlichen Gründen entfernt.

Grafik 1: Lizenz Nr.1 vom 6.Oktober 1945 der „Süddeutschen Zeitung" in englischer und deutscher Fassung.[52]

---

[48] Vgl. Jobst, Andreas: Pressegeschichte Regensburgs von der Revolution 1848 bis in die Anfänge der Bundesrepublik Deutschland, S. 225.
[49] Vgl. Hallwirth, Uta : Auf der Suche nach einer neuen Identität?. Zum nationalen Selbstverständnis in der westdeutschen Presse 1945-1955, Frankfurt am Main 1987, S. 37.
[50] Vgl. A.a.O. S. 38.
[51] Vgl. Langendorf, Ernst; Wullfius Georg: In München fing's an, München 1958, S. 136.
[52] Süddeutschen Verlag, Foto Bildarchiv: License No 1 - Lizenz Nr.1 vom 6 Oktober 1945 für die Gründung der Süddeutsche Zeitung, 12. November 2015, Internetpublikation unter:
https://www.historisches-lexikon-bayerns.de/images/e/e1/Artikel_46303_bilder_value_5_sueddeutsche5.jpg [Zugriff:23.08.2018].

Bald folgten ihr der „Hochland-Bote", die „Nürnberger Nachrichten", sowie die „Frankenpost" und die „Mittelbayerische Zeitung".[53] Für die Lizenzvergabe an Zeitungen war die „Information Control Division" (ICD) unter General Robert McClure aus Bad Homburg in Hessen verantwortlich; im Freistaat zweitrangig das „6870 District Information Services Control Command" (DISCC) unter Colonel Bernard B. McMahon. Diese Institution konnte eigenständig handeln, da sie von der amerikanischen Militärregierung nicht abhängig war. Trotz der Erlaubnis zur Lizenzherausgabe am 25. Mai 1945 dauerte es noch mehr als zwei Monate, bis dieses Verfahren letztendlich umgesetzt wurde. Ausschlaggebende Ursachen für die längere Wartedauer bei der Vergabe dieser Genehmigungen war die sorgfältige Kontrolle der in Frage kommenden Lizenznehmer der Süddeutschen Zeitung, welche aufgrund der Entnazifizierungskriterien nach dem Potsdamer Abkommen kontrolliert werden mussten. Es wurde genau geprüft, ob die Bewerber nachweislich Mitglied der NSDAP waren oder mit dieser in Verbindung standen. [54] Außerdem mussten die Lizenznehmer einen Fragebogen bezüglich ihrer Herkunft, Schullaufbahn, Politik und Religionseinstellung, Einkommen und Beruf nach 1933 ausfüllen. Speziell in Bayern wurde verlangt, dass die Bewerber eine kleine Stellungnahme zu den Fragen *„ Warum sind sie gegen das Naziregime? "*[55] und *„ Welche Funktion hat eine Zeitung? "*[56] formulieren, welche allerdings im Ermessen der Prüfer lagen.[57] Die Suche nach tauglichen Lizenzträgern gestaltete sich zur damaligen Zeit sehr kompliziert und galt als große Herausforderung. Bis Juni 1947 erfüllten in Bayern von 2000 Kandidaten nur 39 die Mindestforderungen. Im Idealfall sollte das Lizenzträgergremium einer Zeitung aus wenigstens drei Redakteuren mit gemischten politische Ausrichtung bestehen. Allerdings wurden in der Realität die Pressehäuser oft nur von zwei lizenzierten Trägern betrieben. [58] Das Alter der zukünftigen Lizenzbewerber spielte oft eine große Rolle, denn oft kam es vor, dass man heranwachsende angehende Presseverleger die Lizenzierung zum Presseverleger verweigerte, da diese oft durch die Vergangenheit vorbelastet waren. Zudem waren viele Träger von Lizenzen zu unerfahren, schlecht geschult für ihren Beruf oder hatten nicht die Möglichkeit im nationalsozialistischen Deutschland ihrer Tätigkeit nachzugehen.[59] Bis Ende 1945 war die Lizenzausstellung von Schriftleitern in Deutschland fremd. Wichtig zu erwähnen ist, dass eine Übertragung der Rechte, welche man durch eine Lizenzausstellung vergab, ausgeschlossen war. Sollten Redakteure gefälschte Daten zur eigenen Person angegeben haben, konnte dem Träger die Lizenz jederzeit entzogen werden. Im Normalfall allerdings verfiel diese erst mit dem Tod des Schriftleiters.[60]

Wie weiter oben bereits erläutert, wollten die Amerikaner eine freie, unabhängige Zeitungslandschaft in ihrer Besatzungszone einführen, was diese auch in dem Bericht betonten: *„ Die Militärregierung ist der Ansicht, daß [sic] der freie Austausch von Meinungen und Ideen der Schaffung einer demokratischen*

[53] Vgl. Langendorf, Ernst; Wullfius Georg: In München fing's an, München 1958, S. 136.
[54] Vgl. Harbou, Knud: Als Deutschland seine Seele retten wollte, S. 22. f.
[55] Harbou, Knud: Als Deutschland seine Seele retten wollte, S. 23.
[56] Ebd. S. 23.
[57] Vgl. Ebd. S. 23.
[58] Vgl. Ebd. S. 23.
[59] Vgl. Hallwirth, Uta: Auf der Suche nach einer neuen Identität, S. 46.
[60] Vgl. Harbou, Knud: Als Deutschland seine Seele retten wollte, S. 23.

Gesellschaftsform in Deutschland [...] zugrunde liegen muss."[61] Allerdings hatten sich alle Lizenzträger an bestimmte festgelegte Vorgaben, den Richtlinien Nr. 3, bei der Berichterstattung zu halten, welche von der Besatzungsmacht bestimmt wurden. Dazu zählte das Verbot von Zeitungsartikeln, welche die *"Auf-rechterhaltung der militärischen Sicherheit"*[62] gefährden würden, zu veröffentlichen. Auch die Verbreitung von Pressenachrichten, welche *"einen böswilligen Angriff auf die Richtlinien oder Personen der Militärregierung darstellen"*[63], wurde strengstens untersagt. Darüber hinaus verbot man natürlich *"[die] Verbreitung von nationalsozialistischer und militaristischer Propaganda"*[64] strikt.[65] Folglich stellt sich hierbei die Frage, ob es den Amerikanern gelungen ist, ob die Lizenzpresse wirklich eine freie, unabhängige Presse war oder sie nicht durch die bereits oben genannten Einschränkungen der Schriftleiter eher zu einer Pressenkonzentration geführt hat, obwohl eine offene Zensur der amerikanischen Kontrollbehörde nie stattfand.[66] In diesem Zusammenhang ist das Geleitwort beachtenswert, welches auf der ersten Seite der Süddeutschen Zeitung vom 8. Oktober. 1945 zu finden ist (siehe Grafik 4 im Anhang). Zwar wurde dort den Lesern von der Schriftleitung und dem Verlag versprochen, das die Zeitung durch *"keine Zensur gefesselt, durch keinen Gewissenszwang geknebelt [...] [und] nicht das Organ einer Regierung oder einer bestimmten Partei."*[67] wäre, doch war sie, wie eben bereits erläutert, in Wahrheit trotzdem von der US- Regierung überwacht.[68] Nun könnte man Argumentieren, dass damals beim Aufbau einer demokratischen Gesellschaft das Recht auf Pressefreiheit und Meinungsfreiheit bei dem Verfassen und Veröffentlichen von Nachrichten normalerweise niemals Einschränkung aus der Politik erfahren hätte sollen. Allerdings wäre es den Amerikanern nach dem Krieg ohne diese vorübergehenden Vorgaben möglicherweise nie gelungen, dauerhaft die bayerische Bevölkerung zu „neuorientieren", „umzuerziehen" und ihnen die Werte einer demokratischen Gesellschaft zu vermitteln.[69]

Immer wieder kam es zu Streitigkeiten zwischen der Lizenzpresse und der amerikanischen Militärregierung, bis man bis im Jahr 1949 beschloss, das Lizenzierungssystem abzuschaffen. Trotzdem wurde die Presse immer noch stets kontrolliert und deren Inhalte überwacht.[70] Am 1. Mai 1949 waren im amerikanischen Besatzungsgebiet 58 Lizenzzeitungen vertreten.[71] Das aufwändige Lizenzverfahren wurde allerdings schon einige Jahre nach dem Krieg eingestellt. Nachdem das bayerische Pressegesetz in Kraft trat,

---

[61] Office of Military Government for Germany (US) (Hrsg.): The German Press in the US occupied Area 1945-1948, Special Report of the Military Governor, US- Zone, 1948, S. 25.
[62] Ebd. S. 25.
[63] Ebd. S. 25.
[64] Ebd. S. 25.
[65] Vgl. Ebd. S. 25.
[66] Vgl. Lanzinner, Maximilian: Zwischen Sternenbanner und Bundesadler. Bayern im Wiederaufbau 1945- 1958, Regensburg 1996, S. 221.
[67] Schriftleitung und Verlag: Zum Geleit; in: Süddeutscher Zeitung, 06.10.1945, Nr. 1, S. 1.
[68] Vgl. Hallwirth, Uta: Auf der Suche nach einer neuen Identität, S. 276.
[69] Vgl. Hallwirth, Uta: Auf der Suche nach einer neuen Identität, S. 22.
[70] Vgl. Hallwirth, Uta: Auf der Suche nach einer neuen Identität, S. 55.
[71] Vgl. Hallwirth, Uta: Auf der Suche nach einer neuen Identität, S. 38.

wurde im August 1949 aufgrund der Bekanntgabe der Generallizenz Nr. 3 jedermann dazu befähigt, Zeitungen zu veröffentlichen.[72] Ab diesen Zeitpunkt wuchs die Anzahl der Presseartikel stetig.[73]

2.3.1 Gründung der Süddeutschen Zeitung

Bevor die Süddeutsche Zeitung erscheinen konnte, mussten wie oben bereits erwähnt geeignete Lizenzträger gefunden werden. Dazu startete das damalige Radio München, welches von den Amerikanern geleitet wurde, einige Aufrufe.[74] Jeder Schriftleiter und Redakteur konnte sich bei Interesse zur Veröffentlichung einer Zeitung in der Press Branch in der Renatastraße melden.[75] Nachdem die langwierige Suche von den Beauftragten der Militärregierung abgeschlossen war, kam im Juli 1945 das erste Treffen des zukünftigen Verlags- und Redaktionsstabes der Süddeutschen Zeitung zustande. August Schwingenstein stand als Verlagsleiter, Franz-Josef Schöningh als Schriftleiter für Kulturpolitik und Feuilleton und Edmund Goldschagg als Journalist für Politik und Wirtschaft fest.[76] Der nächste Schritt war einen geeigneten Redaktionssitz zu finden. Das erwies sich allerdings als Herausforderung, da die Druckereien, welche den zweiten Weltkrieg „überlebt" hatten, zerstört waren. Infrage kommende Pressehäuser waren hauptsächlich zum einen das Gebäude des „Völkischen Beobachters", welches nur leichte Beschädigungen aufwies. Zum anderen stand das Pressegebäude der „Münchner Neuesten Nachrichten" zur Wahl, welches in einem sehr schlechten Zustand anzutreffen war (siehe Grafik 1 und 2 im Anhang).[77] Das Redakteurgremium entschied sich für das ehemalige Verlagshaus Knorr und Hirth der „Münchner Neuesten Nachrichten".[78] Am 6. Oktober 1934 war es soweit: Dies so genannte „License No. 1" (siehe Grafik 1 im Abbildungsverzeichnis) wurde an Schwingenstein, Goldschagg und Schöningh übergeben. Am selben Tag noch erschien die allererste Ausgabe der „Süddeutschen Zeitung" (siehe Grafik 4 im Anhang) bei einer Auflagenhöhe von 357 000 Stück.[79] Diese beachtliche Zahl (für damalige Zustände) erhöhte sich in den nachfolgenden Veröffentlichungen allerdings schnell auf 410 000 Ausgaben, da die SZ sehr von den bayerischen Bürgern aufgrund der wenig existierenden Zeitungen in der Nachkriegszeit begehrt wurde.[80] Angesichts der eingeschränkten Papierzuteilung durch die amerikanische Militärbehörde konnte die „Süddeutsche Zeitung" nach ihrer Gründung allerdings nur zweimal wöchentlich auf circa vier Seiten Umfang erscheinen.[81] Diese umfassten inhaltlich unter anderem Details über die NS- Prozesse, Verurteilungen, Verhaftungen, Beschuldigungen und Entlastungen, allerdings lediglich auf informativer Grundlage. Offensichtlich war man nach den unzähligen Gräueltaten des zweiten Weltkrieges so bestürzt, wes-

---

[72] Vgl. Harbou, Knud: Als Deutschland seine Seele retten wollte, S. 23. Vgl. auch: Lanzinner, Maximilian: Zwischen Sternenbanner und Bundesadler, S. 224.
[73] Vgl. Wagner, Hans; Koch, Ursula; Schmidt- Fischerbach, Patricia: Enzyklopädie der bayerischen Tagespresse, S.29.
[74] Vgl. Langendorf, Ernst; Wullfius, Georg: In München fing's an, S. 22.
[75] Vgl. Harbou, Knud: Als Deutschland seine Seele retten wollte, S. 27.
[76] Vgl. Langendorf, Ernst; Wullfius, Georg: In München fing's an, S. 25.
[77] Vgl. Langendorf, Ernst; Wullfius, Georg: In München fing's an, S. 21.
[78] Vgl. Harbou, Knud: Als Deutschland seine Seele retten wollte, S. 43.
[79] Vgl. Langendorf, Ernst; Wullfius, Georg: In München fing's an, S. 26.
[80] Vgl. Wagner, Hans; Koch, Ursula; Schmidt- Fischerbach, Patricia: Enzyklopädie der bayerischen Tagespresse, S. 90.
[81] Vgl. Ernst Langendorf, Wullfius, Georg: In München fing's an, S. 26.

wegen man Nachforschungen über damalige Umstände, Wirkungszusammenhänge, Täterprofile, kollektiver Resonanz usw. vorerst vermied. Möglicherweise diente die rein nachrichtliche Aufarbeitung der Polizeiberichte oder der Entnazifizierungsprozesse auch als psychischer Abwehrmechanismus aufgrund der zahlreichen Beteiligung und der Mitschuld an den zerstörerischen Ausmaßen des zweiten Weltkrieges.[82] Belegen lässt sich diese Verdrängung der Vergangenheit beispielsweiße am Geleitwort der ersten Auflage der „Süddeutschen Zeitung", welche dem Leser den „Hass" der Deutschen auf den Nationalsozialismus mit Formulierungen wie *„ [nach] zwölf Jahren schmachvoller Gewissensknechtung und aufbefohlener Lüge"* [83] oder *„ [im] Abscheu gegen alles, was nationalsozialistisch ist"*[84] sehr deutlich spüren lässt.[85] Interessant ist, dass für die allererste Ausgabe der Süddeutschen Zeitung die Druckplatten aus dem Bleisatz von Hitlers „Mein Kampf" gegossen wurde.[86]

2.3.2 Biografien der Autoren

Natürlich ist es unerlässlich, im Rahmen der Lizenzvergabe die Biografien der Autoren der „Süddeutschen Zeitung" genauer zu beleuchten und einen kritischen Blick auf deren Vergangenheit zu werfen.

Der erste von drei Lizenzträgern war Edmund Goldschagg. Gebürtig stammt er aus Freiburg, wo er 1886 zur Welt kam. Nachdem dieser an verschiedenen Orten sein Studium in Volkswirtschaft und Geschichte absolvierte, startete Goldschagg seine journalistische Karriere als Praktikant beim sozialdemokratischen Zeitungsverlag „Chemnitzer Volksstimme". Nachdem seine Gefangenschaft aufgrund des Krieges vorbei war, arbeitete Edmund Goldschagg für den „Sozialdemokratischen Pressedienst", als er sich 1927 dazu entschloss, bei der sozialdemokratischen Presse „Münchner Post" sein Geld zu verdienen.[87] Obwohl dort am 3.März 1933 noch ein Presseartikel mit der Schlagzeile „Wir lassen uns nicht einschüchtern" aus dem Zeitungshaus erschienen war, wurde ein Verbot gegen die Zeitung ausgesprochen, das Redaktionshaus verwüstet und mitsamt den Journalisten inhaftiert. Emanuel Goldschagg schaffte es noch rechtzeitig zu flüchten und in Freiburg unterzukommen.[88] Da dieser mit einem Beschäftigungsverbot bis Ende des Kriegs belegt war, wurde seine Einstellung zur Politik nie angezweifelt. Bis 1951 fungierte der Journalist einige Jahre als Chefredakteur und Lizenzträger bei der Süddeutschen Zeitung in München.[89]

August Schwingenstein, geboren am 5. März 1881, war der zweite von den drei Lizenzträgern der Süddeutschen Zeitung. Ab 1918 war er vier Jahre als Chefredakteur bei der „Iller-Roth und Günz-Boten" bei Illertissen in Schwaben, nachdem er sich in der Zeit von 1925 bis 1933 dazu entschloss, eine von sich

[82] Vgl. Harbou, Knud: Als Deutschland seine Seele retten wollte, S. 53.
[83] Schriftleitung und Verlag: Zum Geleit, in: Süddeutscher Zeitung, 06.10.1945, S. 1.
[84] Ebd. S. 1.
[85] Vgl. Harbou, Knud: Als Deutschland seine Seele retten wollte, S. 55. f.
[86] Vgl. Wagner, Hans; Koch, Ursula; Schmidt- Fischerbach, Patricia: Enzyklopädie der bayerischen Tagespresse, S. 90.
[87] Vgl. Wagner, Hans; Koch, Ursula; Schmidt- Fischerbach, Patricia: Enzyklopädie der bayerischen Tagespresse, S. 89.
[88] Vgl. Uta Hallwirth: Auf der Suche nach einer neuen Identität, S. 40.
[89] Vgl. Wagner, Hans; Koch, Ursula; Schmidt- Fischerbach, Patricia: Enzyklopädie der bayerischen Tagespresse, S. 89.

selbst veröffentlichte Landtagskorrespondenz herauszubringen.[90] Seine ablehnende Haltung gegenüber dem Nationalsozialismus war schon länger öffentlich, nicht nur seit einem Zwischenfall im Landtag. Dort wurde er von den regionalen Parteichefs Wagner, Streicher und Nippold angegriffen und entwürdigt. Doch als sich Schwingenstein zu Recht zur Wehr setzt, bekam dieser bei einem Rechtsstreit am Gericht ein Urteil wegen Notwehrüberschreitung. Ab 1939 gelang ihm der Erwerb des Münchner Büchverlags Manz, den er bis 1945 betrieb.[91] Wichtig zu erwähnen ist, dass Schwingenstein nicht wie die Mehrheit im deutschen Reich Mitglied bei der NSDAP angehörte. Er zählte zu den wenigen Bürgern, die als Mitglied der Sozialdemokraten integriert waren und gleichzeitig der christlichen Kirche als Gläubiger nahe standen.[92] *„Seit 25 Jahren habe ich den Todestag des Nationalsozialismus ersehnt. In meinem festen Glauben an diesen Tag bin ich nie wankend geworden."*[93] Diese Denkweise und Schwingensteins Einstellung zur Politik veranlasste die amerikanische Behörde dazu, ihm den Auftrag zu erteilen, bei der Errichtung des Süddeutschen Pressehauses die Verwaltungsaufgaben zu übernehmen und als einer von insgesamt drei lizenzierten Schriftleitern bei der ersten Ausgabe der Süddeutschen Zeitung mitzuwirken.[94]

Der dritte Lizenzträger war Franz Josef Schöningh aus Paderborn, Geburtsjahrgang 1902. Das Heranwachsen in einer christlichen Umgebung prägte ihn damals sehr.[95] Schöningh schloss sein Studium in den Fächern Geschichte, Philologie und Staatswissenschaft ab und endete mit seiner Studentenlaufbahn mit einer Promotionsarbeit. Das akademische Arbeiten sollte sich noch länger durch sein Leben ziehen, denn der wissenschaftliche Assistent war bis 1932 beim Münchner Institut für Weltwirtschaftsgeschichte angestellt.[96] Später wechselte er zu der „Hochland" Monatszeitschrift, welche für ihre abneigenden Ansichten und kritischen Artikel gegenüber dem Nationalsozialismus bekannt war.[97] Nachdem die Zeitschriftenredaktion nach mehreren Verboten im Juni 1941 unwiederbringlich schließen musste, war der Ex- Redakteur in Gazilien als stellvertretender Kreishauptmann im Zweiten Weltkrieg tätig. Dieses Amt führte Jahre später dazu, dass die Kommission, welche die Lizenzen für Zeitungsredakteure ausstellte, Zweifel für seine Eignung als Presseverleger bei der Süddeutschen Zeitung aufkommen ließ.[98] Denn das Kontrollratsgesetz Nr.10, das am 20. Dezember 1945 von den Siegermächten erschienen war, besagt laut Knud von Habou, *„dass die bloße Zugehörigkeit zu einer verbrecherischen Organisation unter Strafe gestellt und nicht die individuelle Schuld zur Tatbestandsvorrausetzung erhoben [wird]."*[99] Somit wäre Schö-

[90] Vgl. Harbou, Knud: Als Deutschland seine Seele retten wollte, S. 27.

[91] Vgl. Wagner, Hans; Koch, Ursula; Schmidt- Fischerbach, Patricia: Enzyklopädie der bayerischen Tagespresse, S. 90.

[92] Vgl. Harbou, Knud: Als Deutschland seine Seele retten wollte, S. 28.

[93] Harbou, Knud: Als Deutschland seine Seele retten wollte, S. 27.

[94] Vgl. Wagner, Hans; Koch, Ursula; Schmidt- Fischerbach, Patricia: Enzyklopädie der bayerischen Tagespresse, S. 90.

[95] Vgl. Harbou, Knud: Als Deutschland seine Seele retten wollte, S. 37.

[96] Vgl. Wagner, Hans; Koch, Ursula; Schmidt- Fischerbach, Patricia: Enzyklopädie der bayerischen Tagespresse, S. 89.

[97] Vgl. Harbou, Knud: Als Deutschland seine Seele retten wollte, S. 37.

[98] Vgl. Wagner, Hans; Koch, Ursula; Schmidt- Fischerbach, Patricia: Enzyklopädie der bayerischen Tagespresse, S. 89.

[99] Harbou, Knud: Als Deutschland seine Seele retten wollte, S. 32.

ningh im Entnazifizierungsprozess als „Hauptbeschuldigter" angeklagt gewesen.[100] Dieser konnte sich allerdings wie viele seiner Kollegen herausreden.[101]

An diesen drei Lebensläufen lässt sich deutlich erkennen, dass es trotz aller Bemühungen der amerikanischen Militärregierung häufig nicht in der Realität umsetzbar war, dass alle Zeitungsredakteure von der nationalsozialistischen Vergangenheit unbelastet waren. Nicht selten kam es vor, dass nicht nur bei der „Süddeutschen Zeitung", vorbelastete Journalisten von den Amerikanern geduldet wurden.[102]

2.3.3 Entwicklung der Süddeutschen Zeitung

Nachdem sich die Presselandschaft in Bayern in den 1950er Jahren langsam wieder stabilisieren konnte, übertrug sich diese Entwicklung auch auf die „Süddeutsche Zeitung" in München.[103] Nach der Zeitungsgründung wurde ein Jahr später zusätzlich der deutsche Journalist Werner Friedmann in das SZ Lizenzgremium aufgenommen.[104] Da nach dem Krieg nicht nur die SZ, sondern auch im Freistaat einige andere Redaktionsgebäude eine Lizenz zum Drucken erhielten, vergrößerte sich nach und nach das Verbreitungsareal der „Süddeutschen Zeitung". Dieses reichte vom Stammsitz in München bis nach Dachau, Freising, Erding, Fürstenfeldbruck, Ebersberg, Wolfratshausen, Landsberg und Starnberg. Knapp ein Jahr lang verblieb sie die einzig bestehende Zeitung in München, welche unter deutscher Leitung vertrieben worden war.[105] Im Laufe der Jahre stieg sie zu den wenigen Pressen auf, welche neben der „Frankfurter Allgemeinen Zeitung" und der „Welt" ihre Artikel sich nicht nur deutschlandweit, sondern sogar auf dem internationalen Pressemarkt erfolgreich verkaufen ließen. Ihr Berichterstattungsraum reichte von Washington bis London, Paris, Neu Delhi, Tel Aviv, Tokio und Rio de Janeiro. Für die lokale Nachrichtenvermittlung in Bayern waren dann überwiegend kleinere Regionalzeitungen wie etwa der „Münchner Merkur" oder die „Passauer Presse" zuständig.[106] Seit mehr als 40 Jahren nach ihrer Gründung konnte sich das Süddeutsche Verlagshaus zu einem der ökonomisch erfolgreichsten Zeitungsunternehmen in ganz Deutschland entfalten.[107]

[100] Vgl. Harbou, Knud: Als Deutschland seine Seele retten wollte, S. 37.
[101] A.a.O. S. 33.
[102] Vgl. Harbou, Knud: Als Deutschland seine Seele retten wollte, S. 387.
[103] Vgl. Lanzinner, Maximilian: Zwischen Sternenbanner und Bundesadler, S. 227.
[104] Vgl. Langendorf, Ernst; Wullfius, Georg: In München fing's an, S. 26.
[105] Vgl. Wagner, Hans; Koch, Ursula; Schmidt-Fischerbach, Patricia: Enzyklopädie der bayerischen Tagespresse, S. 90.
[106] Vgl. Lanzinner, Maximilian: Zwischen Sternenbanner und Bundesadler, S. 227.
[107] Vgl. Wagner, Hans; Koch, Ursula; Schmidt-Fischerbach, Patricia: Enzyklopädie der bayerischen Tagespresse, S. 93.

3 Schluss

Wie man nun letztendlich feststellen kann, musste die bayerische Zeitungslandschaft nach Jahren der Gleichschaltung und dem Zerfall des Dritten Reiches vorerst einige Hürden und Herausforderungen bewältigen, bis dass sie zu dieser großen Vielfältigkeit heranwachsen konnte, wie wir sie heute kennen. Ob es der aufwändige Lizenzierungsprozess, die sorgfältige Auswahl der zum Teil schon vorbelasteten Journalisten oder die strengen Richtlinien der Presseinhalte waren: Dass die Nachkriegszeitungen nicht frei und ungebunden an die Militärregierung war, ist unbestreitbar. Dennoch konnte sich mithilfe der amerikanischen Besatzungsmacht sich nach dem Ende des Zweiten Weltkriegs durch diese festgelegten Vorgaben das bayerische Zeitungswesen langsam wieder erholen. Dies war den Amerikanern bewusst, welche seit ihrer Besetzung im Freistaat immer das Ziel eines demokratischen und unabhängigen Zeitungswesens vor Augen hatten.

Doch sind unsere Zeitungen heute wirklich so frei und unabhängig, wie es sich die Amerikaner für Bayern immer gewünscht haben? Wenn auch der Tatsache, dass der Freistaat und allgemein Deutschland relativ viel Pressefreiheit genießen darf, ist die vollständige Unabhängigkeit der Zeitungen definitiv ein unerreichbarer Idealzustand. Oft fühlen Pressen gebunden an den Interessen ihrer Leser und veröffentlichen dementsprechend nur die Inhalte, welche sich der meisten Beliebtheit in der Bevölkerung erfreuen. Der Vorteil, den sich die Zeitungen davon versprechen, liegt auf der Hand. Sie lassen sich besser verkaufen. Das führt allerdings mehr oder weniger dazu, dass einige Informationsartikel aus Zeitungen gekürzt, gefiltert oder gestrichen werden. Auch die subjektive Meinung und Präferenzen des Journalisten fließen oftmals unbewusst in die Berichterstattung, beispielsweiße bei politischen Inhalten. Trotz alledem konnte die Meinungs- und Pressefreiheit nicht nur in Bayern, sondern auch in Deutschland bei den Zeitungsunternehmen einen sehr hohen Stellenwert erreichen.

Literaturverzeichnis

Literaturquellen:

Altendorfer, Otto; Hilmer, Ludwig: Medienmanagement Medienpraxis - Mediengeschichte - Medienordnung, Bd. 2, Wiesbaden, 2015

Felbick, Dieter: Schlagwörter der Nachkriegszeit 1945-1949, Berlin 2003

Hallwirth, Uta: Auf der Suche nach einer neuen Identität?. Zum nationalen Selbstverständnis in der westdeutschen Presse 1945-1955, Frankfurt am Main 1987

Harbou, Knud: Als Deutschland seine Seele retten wollte, München 2015

Jobst, Andreas: Pressegeschichte Regensburgs von der Revolution 18481848 bis in die Anfänge der Bundesrepublik Deutschland, Regensburg, 2002

Langendorf, Ernst; Wullfius Georg: In München fing's an, München 1958

Lanzinner, Maximilian: Zwischen Sternenbanner und Bundesadler. Bayern im Wiederaufbau 1945- 1958, Regensburg 1996

Leitartikel aus dem Jahr 1945: „Abkehr- Einkehr", in: Süddeutscher Zeitung, 6.10.2005

Pürer, Heinz; Raabe, Johannes : Presse in Deutschland, Bd. 3, Konstanz, 2007

Wagner ,Hans; Koch, Ursula; Schmidt- Fischerbach, Patricia: Enzyklopädie der bayerischen Tagespresse, München, 1990

Internetquellen:

Hoor, Christina: Die Reichskulturkammer, Deutsches Historisches Museum, Berlin 2015
Internetpublikation unter:
https://www.dhm.de/lemo/kapitel/ns-regime/kunst-und-kultur/reichskulturkammer.html
[Zugriff: 09.07.2018].

Kourik, Christian: Zwischen den Zeilen? Zeitungspresse als NS-Machtinstrument, o.J. Internetpublikation unter:
https://www.kulturpur.de/museum/dokumentationszentrum-reichsparteitagsgelaende/zeitungspresse-als-machtinstrument [Zugriff: 09.07.2018].

Quellenverzeichnis

Bayerische Staatsbibliothek, Fotoarchiv Hoffmann: Das zerstörte Verlagsgebäude der Münchner Neuesten Nachrichten in der Sendlinger Straße 80, 12. November 2015, Internetpublikation unter: https://www.historisches-lexikon-bayerns.de/images/2/2c/Artikel_46303_bilder_value_2_sueddeutsche2.jpg [Zugriff: 23.08.2018].

Office of Military Government for Germany (US) (Hrsg.): The German Press in the US occupied area, 1945 - 1948. Special Report of the Military Governor, US- Zone, 1948.

Süddeutscher Verlag, Bildarchiv: License No 1 - Lizenz Nr.1 vom 6 Oktober 1945 für die Gründung der Süddeutschen Zeitung, 12. November 2015, Internetpublikation unter: https://www.historisches-lexikon-bayerns.de/images/e/e1/Artikel_46303_bilder_value_5_sueddeutsche5.jpg [Zugriff:23.08.2018].

Süddeutscher Verlag, Bildarchiv: Die Lokalredaktion der SZ in ihren noch zerbombten Arbeitsräumen 1946, 12. November 2015, Internetpublikation unter: https://www.historisches-lexikon-bayerns.de/images/e/e8/Artikel_46303_bilder_value_6_sueddeutsche6.jpg [Zugriff: 23.08.2018]

Süddeutsche Zeitung, 6. Oktober 1945,Nr. 1, S. 1.

Schriftleitung und Verlag: Zum Geleit; in: Süddeutscher Zeitung, 06.10.1945, Nr. 1, S. 1.

BEI GRIN MACHT SICH IHR WISSEN BEZAHLT

- Wir veröffentlichen Ihre Hausarbeit,
  Bachelor- und Masterarbeit

- Ihr eigenes eBook und Buch -
  weltweit in allen wichtigen Shops

- Verdienen Sie an jedem Verkauf

Jetzt bei www.GRIN.com hochladen und kostenlos publizieren